Caliente

por Ann Corcorane

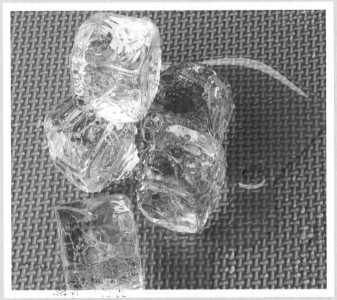

Consultora:
Adria F. Klein, Ph.D.
California State University, San Bernardino

capstone
classroom
Heinemann Raintree • Red Brick Learning
division of Capstone

El fuego es caliente.

El hielo es frío.

La arena está caliente.

La nieve es fría.

Algunos días hace calor.

Algunos días hace frío.

La comida puede estar caliente.

Esta comida está caliente.

Esta comida está caliente.

Esta agua está caliente.

La comida puede estar fría.

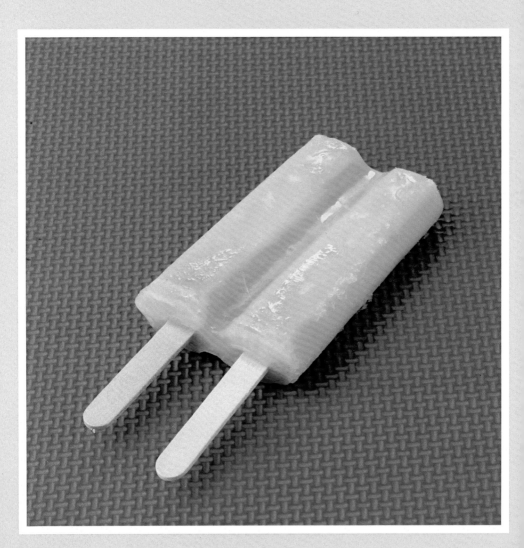

Este alimento está frío.

Este alimento está frío.

Esta agua está fría.

Hoy hace frío.
Esta bebida está caliente.